中国工程建设标准化协会标准

公路防腐耐磨螺纹钢管涵洞技术规程

Technical Specifications for Highway Anti-corrosion and Wear-resistant Threaded Steel Pipe Culvert

T/CECS G:D66-03—2023

主编单位：东南大学
　　　　　南京联众工程技术有限公司
发布机构：中国工程建设标准化协会
实施日期：2023 年 08 月 01 日

人民交通出版社股份有限公司
北　京

图书在版编目(CIP)数据

公路防腐耐磨螺纹钢管涵洞技术规程：T/CECS G:D66-03—2023 / 东南大学，南京联众工程技术有限公司主编. — 北京：人民交通出版社股份有限公司，2023.8
ISBN 978-7-114-18904-3

Ⅰ.①公… Ⅱ.①东… ②南… Ⅲ.①道路工程—防腐—耐磨钢—螺纹钢—涵洞工程—技术操作规程 Ⅳ.①U449-65

中国国家版本馆 CIP 数据核字(2023)第 142448 号

标准类型：	中国工程建设标准化协会标准
标准名称：	**公路防腐耐磨螺纹钢管涵洞技术规程**
标准编号：	T/CECS G:D66-03—2023
主编单位：	东南大学
	南京联众工程技术有限公司
责任编辑：	王海南
责任校对：	赵媛媛　卢　弦
责任印制：	张　凯
出版发行：	人民交通出版社股份有限公司
地　　址：	(100011)北京市朝阳区安定门外外馆斜街 3 号
网　　址：	http://www.ccpcl.com.cn
销售电话：	(010)59757973
总 经 销：	人民交通出版社股份有限公司发行部
经　　销：	各地新华书店
印　　刷：	北京市密东印刷有限公司
开　　本：	880×1230　1/16
印　　张：	1.5
字　　数：	34 千
版　　次：	2023 年 8 月　第 1 版
印　　次：	2023 年 8 月　第 1 次印刷
书　　号：	ISBN 978-7-114-18904-3
定　　价：	40.00 元

(有印刷、装订质量问题的图书，由本公司负责调换)

中国工程建设标准化协会
公 告

第 1503 号

关于发布《公路防腐耐磨螺纹钢管涵洞技术规程》的公告

根据中国工程建设标准化协会《关于印发〈2021年第二批协会标准制订、修订计划〉的通知》(建标协字〔2021〕20号)的要求,由东南大学、南京联众工程技术有限公司等单位编制的《公路防腐耐磨螺纹钢管涵洞技术规程》,经协会公路分会组织审查,现批准发布,编号为 T/CECS G:D66-03—2023,自 2023 年 8 月 1 日起施行。

中国工程建设标准化协会
二〇二三年三月十六日

前　言

根据中国工程建设标准化协会《关于印发〈2021年第二批协会标准制订、修订计划〉的通知》(建标协字[2021]20号)的要求,由东南大学和南京联众工程技术有限公司作为主编单位承担《公路防腐耐磨螺纹钢管涵洞技术规程》(以下简称"本规程")的制定工作。

编写组总结、吸收国内外螺纹钢管研发、应用经验,以及近年来相关的新技术、新工艺、新材料及科研成果,广泛征求了设计、生产、施工、建设及管理等单位的意见,经反复论证和修改,完成了本规程的编制工作。

本规程分为5章和1个附录,主要内容包括:1 总则、2 术语和符号、3 材料、4 设计、5 施工及质量控制,附录A 螺纹钢管涵洞最大填土高度控制表。

本规程第4.2.4条、第4.2.5条、第5.2.7条、第5.4.5条可能涉及一种螺纹钢管(202122817285.6)、一种螺纹钢管的玻璃钢式连接结构(202122493132.0)、一种小口径钢制波纹管涵洞的回填结构(202122864300.2)等相关专利的使用。涉及专利的具体技术问题,使用者可直接与本规程主编单位及专利权人(南京联众工程技术有限公司)协商处理。该专利持有人的声明已在本规程的发布机构备案。专利持有人的信息,专利持有人姓名:战福军,地址:江苏省南京市溧水区柘塘镇柘宁东路331号。除上述专利外,本规程的某些内容仍可能直接或间接涉及其他专利,本规程的发布机构不承担识别这些专利的责任。

本规程基于通用的工程建设理论及原则编制,适用于本规程提出的应用条件。对于某些特定专项应用条件,使用本规程相关条文时,应对适用性及有效性进行验证。

本规程由中国工程建设标准化协会公路分会归口管理,由东南大学负责具体技术内容的解释。在执行过程中如有意见或建议,请函告本规程日常管理组,中国工程建设标准化协会公路分会(地址:北京市海淀区西土城路8号;邮编:100088;电话:010-62079839;传真:010-62079983;电子邮箱:shc@rioh.cn),或童立元(地址:江苏省南京市江宁区东南大学路2号;邮编:211102;电子邮箱:101010519@seu.edu.cn),以便修订时研用。

主 编 单 位:东南大学
　　　　　　南京联众工程技术有限公司
参 编 单 位:长安大学
　　　　　　中交公路规划设计院有限公司
　　　　　　中交第一公路勘察设计研究院有限公司

中交一公局集团有限公司
中国科学院海洋研究所
山东省交通规划设计院集团有限公司
华设设计集团股份有限公司
苏交科集团股份有限公司
中交综合规划设计院有限公司
中国公路工程咨询集团有限公司
中交投资南京有限公司
四川交投设计咨询研究院有限责任公司
湖南省交通规划勘察设计院有限公司
甘肃省交通规划勘察设计院股份有限公司
新疆交通规划勘察设计研究院有限公司

主　　编：战福军　童立元
主要参编人员：刘松玉　徐连云　盛富强　张宏光　周兴顺　孙海军
　　　　　　　侯保荣　魏乐永　王　静　李　军　彭　涛　方　萍
　　　　　　　刘兆光　巴特尔　贺耀北　李　维　王东阳　王建军
　　　　　　　陈学光　徐云龙　傅　伟　蒋　义　杨志雄　刘克蛟

主　　审：任红伟
参与审查人员：黄志福　王全录　穆　程　郭培俊　李　涵　胡雪峰

目　　次

1 总则 ··· 1
2 术语和符号 ·· 2
　2.1 术语 ·· 2
　2.2 符号 ·· 2
3 材料 ··· 4
　3.1 管材 ·· 4
　3.2 附属材料 ·· 4
4 设计 ··· 6
　4.1 一般规定 ·· 6
　4.2 结构形式 ·· 7
　4.3 构造要求 ·· 7
5 施工及质量控制 ·· 10
　5.1 一般规定 ·· 10
　5.2 加工及运输 ·· 10
　5.3 基坑工程 ·· 12
　5.4 安装工程 ·· 12
　5.5 浇筑工程 ·· 14
附录 A 螺纹钢管涵洞最大填土高度控制表 ················ 15
本规程用词用语说明 ··· 16

1　总则

1.0.1　为规范公路防腐耐磨螺纹钢管涵洞设计、施工及质量控制，制定本规程。

1.0.2　本规程适用于对防腐蚀、耐磨损、耐久性要求较高的公路新建、改扩建涵洞工程。

1.0.3　公路防腐耐磨螺纹钢管涵洞设计与施工应遵循安全耐久、经济适用、技术先进、节能环保、施工便利的原则。

1.0.4　公路防腐耐磨螺纹钢管涵洞设计与施工应贯彻国家有关技术政策，积极采用新技术、新材料、新工艺、新设备。

1.0.5　公路防腐耐磨螺纹钢管涵洞设计、施工及质量控制，除应符合本规程的规定外，尚应符合国家和行业现行有关标准的规定。

2 术语和符号

2.1 术语

2.1.1 防腐耐磨螺纹钢管 anti-corrosion and wear-resistant threaded steel pipe

以热镀锌钢带为基材,经波纹轧制、螺旋状卷圆、咬口连接,再采用热熔热固性粉末涂层等措施提高防腐耐磨性能的螺纹钢管。

2.1.2 原螺纹凝裹式玻璃钢接头 bonded FRP joint with original thread

两节螺纹钢管对接缝两端的螺纹纹路对齐并接合后,沿周向焊接拼缝,并沿拼缝制作速凝玻璃钢涂层,内外包裹贴合接缝及螺纹钢管内外壁,形成的玻璃钢螺纹状接头。其螺纹形状与螺纹钢管一致。

2.1.3 螺纹钢管咬合口 occll suture

钢带成型为钢管时,钢带的相邻边缘折转扣合,并彼此压紧的接口。

2.1.4 流态填筑料 fluid filling material

由各类基料、固化剂、水及掺合料拌和而成,具有一定的流动性和强度的工程填筑材料。

2.1.5 流态自密实水泥固化土 fluid self-compacting cement-stabilized soil

由水泥、土、水、固化剂及其他掺合料拌和而成的一种流态填筑料,在浇筑过程中自行流动密实后,经凝固形成具有一定强度的固化土。

2.1.6 硅烷陶化 silane vitrification

以硅烷、锆盐及硅烷锆盐复合为基础,加入特殊的成膜助剂后能对钢铁表面进行化学处理,生成一种复合难溶的纳米级陶瓷转化膜。该转化膜可增强金属基材与非金属涂层之间的黏结力。

2.2 符号

D——孔径;

D_0——基坑宽度;

d——波高;

H_0——基坑深度;

HY_1——竖向单侧预变形量;

HY_2——横向单侧预变形量;

p——波距;

r——半径;

t——壁厚。

3 材料

3.1 管材

3.1.1 螺纹钢管的管材应采用碳素结构钢、低合金高强度结构钢,其性能应分别符合现行《碳素结构钢》(GB/T 700)、《低合金高强度结构钢》(GB/T 1591)的规定。

3.1.2 采用连续热镀锌钢带加工时,其性能、尺寸、外形、重量及允许偏差应符合现行《连续热镀锌和锌合金镀层钢板及钢带》(GB/T 2518)的规定。

3.1.3 螺纹钢管波形的波距、波高、半径及壁厚如图 3.1.3 所示,对应参数宜按表 3.1.3 选取。

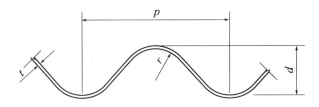

图 3.1.3 螺纹钢管波形截面图

表 3.1.3 螺纹钢管波形参数(mm)

波距 p	波高 d	半径 r	壁厚 t	孔径 D
75	25	14.3	1.5~3.0	750~2 000
125	36	30.0	2.0~3.0	1 500~2 500

3.2 附属材料

3.2.1 螺纹钢管涵洞附属材料包括焊接材料、防腐材料、耐磨材料、接头材料、洞口材料及浇筑材料等。

3.2.2 焊接材料应与管材匹配,并应符合现行《钢结构焊接规范》(GB 50661)的规定。

3.2.3 镀锌防腐材料及工艺要求应符合现行《冷弯波纹钢管》(GB/T 34567)的规定。

3.2.4 防腐及耐磨材料所用的热熔热固性聚酯粉末应符合现行《公路用防腐蚀粉末涂料及涂层 第4部分:热固性聚酯粉末涂料及涂层》(JT/T 600.4)的规定。

3.2.5 制作接头所用的玻璃纤维布应采用S玻璃纤维或E玻璃纤维,其性能应符合现行《结构加固修复用玻璃纤维布》(JG/T 284)的规定。

3.2.6 制作接头所用的玻璃钢树脂宜采用邻苯型通用不饱和聚酯树脂,并应符合现行《纤维增强塑料用液体不饱和聚酯树脂》(GB/T 8237)的规定。

3.2.7 钢结构洞口材料及性能应符合现行《冷弯波纹钢管》(GB/T 34567)的规定,混凝土结构洞口材料及性能应符合现行《公路涵洞设计规范》(JTG/T 3365-02)的规定。

3.2.8 回填浇筑材料应采用流态自密实水泥固化土,固化土立方体抗压强度不宜小于0.4MPa。

4 设计

4.1 一般规定

4.1.1 螺纹钢管结构设计应采用极限状态设计方法,并应符合现行《公路桥涵设计通用规范》(JTG D60)的规定。

4.1.2 螺纹钢管结构验算应符合现行《公路波纹钢涵洞技术规程》(T/CECS G:D66-01)的规定;最大填土高度应经计算确定,可参考本规程附录 A。

4.1.3 螺纹钢管涵洞水文、水力计算应符合现行《公路涵洞设计规范》(JTG/T 3365-02)的规定。涵洞内采用混凝土内衬时,糙率可取 0.013～0.014;当缺乏试验数据时,涵洞内无铺砌时糙率可按表 4.1.3 选取。

表 4.1.3 螺纹钢管涵洞糙率

波纹参数 (mm×mm)	孔径(m)						
	0.75	1.00	1.25	1.50	1.75	2.00	2.50
75×25	0.021	0.022	0.023	0.024	0.025	0.026	—
125×36	—	—	—	0.026	0.027	0.028	0.029

4.1.4 螺纹钢管内壁热熔热固性粉末涂层的耐磨损性能应符合《公路交通工程钢构件防腐技术条件》(GB/T 18226—2015)中第 6.3.7 条的规定。

4.1.5 螺纹钢管咬合口的抗拉强度和最小间距应符合现行《冷弯波纹钢管》(GB/T 34567)的规定。

4.1.6 原螺纹凝裹式玻璃钢接头的抗拉强度不应小于咬合口的抗拉强度。

4.1.7 螺纹钢管的密封性能不应小于 0.1MPa。

4.1.8 螺纹钢管涵洞地基上宜预留 0.5%～1.0% 管长的预拱度,涵长中心点底部高程不应高于进水口高程。

4.1.9 涵底纵坡不宜大于5%。当涵底纵坡超过5%时,应采取抗滑措施确保结构稳定。

4.1.10 当螺纹钢管涵洞填土高度大于6m时,加工制作过程中应考虑预变形。

4.1.11 螺纹钢管涵洞顶部最小覆土厚度应符合现行《公路波纹钢涵洞技术规程》(T/CECS G:D66-01)的规定。

4.2 结构形式

4.2.1 螺纹钢管涵洞可分为单孔和多孔两种形式,其断面示意如图4.2.1-1和图4.2.1-2所示。

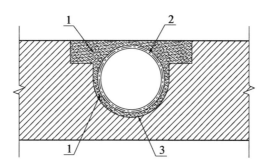

图4.2.1-1 单孔螺纹钢管涵洞横断面示意图
1-流态自密实水泥固化土;2-螺纹钢管涵洞;3-反开挖基坑坑底

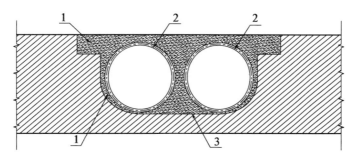

图4.2.1-2 多孔螺纹钢管涵洞横断面示意图
1-流态自密实水泥固化土;2-螺纹钢管涵洞;3-反开挖基坑坑底

4.2.2 多孔螺纹钢管涵洞孔间距应符合现行《公路波纹钢涵洞技术规程》(T/CECS G:D66-01)的规定。

4.3 构造要求

4.3.1 螺纹钢管涵洞反开挖基坑横断面示意如图4.3.1所示,基坑尺寸参数可按表4.3.1取值。

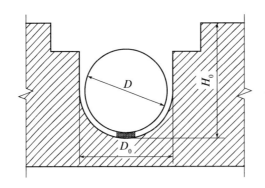

图 4.3.1 基坑横断面示意图

表 4.3.1 基坑尺寸参数

孔径 D(m)	波纹参数(mm×mm)	基坑宽度 D_0(m)	基坑深度 H_0(m)
0.75	75×25	$D+$ 波高 $×2+0.2$	$D+$ 波高 $×2+0.3$
1.00	75×25		
1.25	75×25		
1.50	75×25 或 125×36		
1.75	75×25 或 125×36		
2.00	75×25 或 125×36		
2.50	125×36		

4.3.2 螺纹钢管管节间连接应采用原螺纹凝裹式玻璃钢接头,如图 4.3.2 所示,并应符合下列规定:

1 两节螺纹钢管对接缝两端的螺纹纹路应对齐接合,并焊接拼缝。

2 玻璃钢接头结构层不宜低于二层玻璃纤维结合三层玻璃钢树脂,内玻璃钢接头的厚度不应小于 2mm,外玻璃钢接头的厚度不应小于 1.5mm。

3 玻璃钢接头应沿焊接拼缝周向内外包裹并贴合螺纹钢管壁,其波纹形状与螺纹钢管一致。

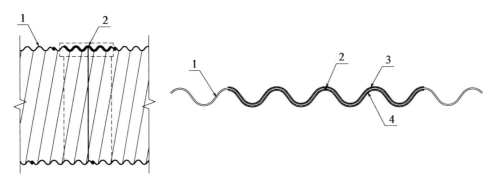

图 4.3.2 凝裹式玻璃钢接头示意图

1-螺纹钢管节段;2-对接焊缝;3-外玻璃钢接头;4-内玻璃钢接头

4.3.3 螺纹钢管咬合口内应充满环氧类或聚酯类液态可凝填料并溢出咬合口外,凝固后应与螺纹钢管内外表面的热熔热固性聚酯粉末涂层相融合,如图4.3.3所示。

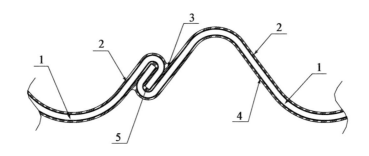

图 4.3.3 咬合口示意图

1-镀锌钢板;2-管体外部热熔热固性粉末涂层;3-咬合口内填料与管体表面涂层熔结处;4-管体内壁热熔热固性聚酯粉末涂层;5-咬合口内部环氧类或聚酯类液态可凝填料

4.3.4 螺纹钢管涵洞应采用热浸镀锌及热熔热固性聚酯粉末涂层进行防腐耐磨处理,其技术要求应符合表4.3.4的规定。

表 4.3.4 螺纹钢管涵洞防腐耐磨技术要求

防护部位	防腐耐磨技术要求
管体内壁	热浸镀锌($42\mu m$)+热熔热固性聚酯粉末涂层($240\mu m$)
管体外壁	热浸镀锌($42\mu m$)+热熔热固性聚酯粉末涂层($120\mu m$)
咬合口内部	环氧类或聚酯类液态可凝填料
装配式波纹钢洞口	热浸镀锌($84\mu m$)+热熔热固性聚酯粉末涂层($120\mu m$)

4.3.5 螺纹钢管防腐耐磨层出现破损时,应按下列规定进行修复:

1 对破损处及周边20mm范围应清理干净并用砂纸打磨,清理等级应达到St2级及以上。
2 镀锌层修复,宜先涂刷液态锌,再涂刷液态无溶剂聚酯类涂料进行处理。
3 粉末涂层修复,宜采用液态无溶剂聚酯类涂料进行处理。
4 液态锌修复层厚度不应小于$100\mu m$,聚酯涂料涂修复层厚度不应小于$240\mu m$。

4.3.6 螺纹钢管涵洞洞口宜采用削竹式,削竹式洞口端部应设置环形钢法兰式加强环;加强环钢板厚度不宜小于螺纹钢管钢板厚度;法兰宽度不宜小于30mm。

5 施工及质量控制

5.1 一般规定

5.1.1 螺纹钢管所用的钢材、连接材料应附有质量证明书。

5.1.2 施工前应根据施工图设计文件和施工环境条件编制施工方案。

5.1.3 螺纹钢管涵洞施工应按管体拼接、基坑开挖、管体吊装和浇筑密实的流程进行。

5.1.4 多孔螺纹钢管涵洞可共用一个基坑,其施工流程应按本规程第5.1.3条的规定执行。

5.2 加工及运输

5.2.1 螺纹钢管采用的镀锌钢带应去除表面钝化层及氧化层,再进行表面糙化处理,表面粗糙度宜为Rz15~25μm。处理后的钢材性能及镀锌量应符合现行《冷弯波纹钢管》(GB/T 34567)的规定。

5.2.2 螺纹钢管镀锌层的表面糙化处理过程中,生产企业应根据国家相关规定设置防火防尘措施,并向有关部门报备。

条文说明

螺纹钢管镀锌层表面糙化处理过程中,会产生锌粉尘,该物质是易燃物质。

5.2.3 表面糙化后的镀锌钢带应进行除油处理,应采用碱性清洗剂浸泡刷洗、淡水冲净。

5.2.4 除油后的镀锌钢带表面应进行膜化前处理,宜使用硅烷陶化剂或磷化剂进行前处理,并应符合下列规定:
1 采用硅烷陶化剂处理,在镀锌钢带表面生成一层纳米级陶化膜,陶化膜表面平均质量应为 $0.5 \sim 1.0 \text{g/m}^2$。

2 采用磷化剂对镀锌钢带表面进行处理时,应采用磷酸锌-锰-镍系磷化液,表面形成磷化膜,磷化膜表面平均质量宜为 0.5~1.0g/m²。

3 处理完后的镀锌钢带应用淡水冲洗,除去表面残余杂质。

5.2.5 镀锌钢带进行轧压波纹、螺旋卷制及加工成型时,咬合口内部应注满环氧类或聚酯类液态或膏状填料,填料应溢出咬合口且宽度均匀,溢出宽度宜为 2~4mm。

5.2.6 螺纹钢管加工成型后,经硅烷陶化处理的热镀锌钢管应在 16h 内进行粉末喷涂工序;经磷化处理的热镀锌钢管应在 14d 内进行粉末喷涂工序,并应符合下列规定:

1 将加工成型后的螺纹钢管加热到规定的温度,该温度应超过 180℃。
2 应采用静电喷涂。
3 粉末熔融固化后,应自然冷却。

5.2.7 螺纹钢管粉末喷涂工艺严禁采用先静电喷涂,再加热螺纹钢管的生产工序。

条文说明

热熔热固性粉末的喷涂,要先将工件加热至 180℃ 以上,再静电喷涂粉末,不允许先采用静电喷涂粉末,再加热管体的方式;否则,粉末的热熔方向是从粉末外层至基材,靠近基材附近的少量空气无法排除,会降低涂层附着力。

5.2.8 热熔热固性粉末涂层性能应符合现行《公路用防腐蚀粉末涂料及涂层 第 1 部分:通则》(JT/T 600.1)和《公路用防腐蚀粉末涂料及涂层 第 4 部分:热固性聚酯粉末涂料及涂层》(JT/T 600.4)的规定。

5.2.9 当螺纹钢管顶部填土高度大于 6m 时,加工制作过程中应考虑产品截面预变形,如图 5.2.9 所示,预变形量可按表 5.2.9 选取。

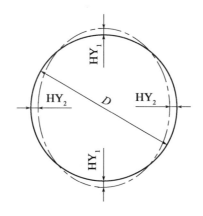

图 5.2.9 螺纹钢管涵洞预变形横断面示意图

表 5.2.9 螺纹钢管涵洞预变形量

孔径 D (m)	竖向单侧预变形量 HY$_1$ (mm)			横向单侧预变形量 HY$_2$ (mm)		
	覆土厚度(m)			覆土厚度(m)		
	6~10△	10~16△	≥16	6~10△	10~16△	≥16
0.75	25	35	50	35	50	75
1.00	25	35	50	35	50	75
1.25	25	35	50	35	50	75
1.50	25	35	50	50	75	100
1.75	25	35	50	50	75	100
2.00	35	50	75	50	75	100
2.50	35	50	75	50	75	100

注:"△"表示不含本数。

5.2.10 螺纹钢管各管节在加工出厂前,应按安装顺序及管节前后方向做好标记。

条文说明

将切断后的前后节段的螺纹钢管,做顺序标记及前后方向标记。工地现场将上述管节顺序及前后方向依次对接,即将原始切断面的切缝重新对合,以保证接头安装质量。

5.2.11 螺纹钢管运输和装卸应采取防倾斜、防滑移、防破损措施。

5.3 基坑工程

5.3.1 路基施工至螺纹钢管涵洞设计位置顶部以上20cm时,采用反开挖法进行基坑开挖,基坑应满足下列要求:
1 控制基底高程。
2 基坑底部不得受水浸泡。
3 基坑每侧进行临时堆土和其他施工时,不得影响基坑侧壁的稳定性。

5.3.2 基坑开挖完成后,应及时吊装管体就位,并应立即开始后续的浇筑回填工程。

5.4 安装工程

5.4.1 应将螺纹钢管管节间对接端口的防护层沿周向进行打磨,打磨宽度不宜小于10mm;应在接缝处对齐对正前后两节螺纹钢管的螺纹纹路,并采用完全连续的焊接方式或分布均匀的分段焊接方式沿周向焊接拼接缝。

5.4.2 管节间采用分段焊接固定时,周向焊缝的总长度不应小于周向接缝总长度的50%,每段焊缝的最小长度不应小于100mm,未焊段长度不应大于150mm。

5.4.3 管节之间的焊接性能及要求应符合现行《现场设备、工业管道焊接工程施工规范》(GB 50236)的规定。

5.4.4 现场沿拼接焊缝制作原螺纹凝裹式玻璃钢接头,玻璃钢接头宽度应包裹接缝前后两个波距,并应符合下列规定:

1 涂底料前管节表面应清除油垢、灰渣,其处理等级应达St3级,涂底料时基面应干燥。

2 现场施工采用手糊法或专用玻璃钢设备喷涂,宜用间断法,每次铺衬间断时应检查玻璃纤维布衬层的质量,合格后再涂刷下一层。

3 单层玻璃纤维布厚度不应小于0.3mm,并应符合现行《结构加固修复用玻璃纤维布》(JG/T 284)的规定;玻璃钢树脂性能应符合现行《纤维增强塑料用液体不饱和聚酯树脂》(GB/T 8237)的规定。

4 采用喷涂法时,玻璃纤维短切丝的长度不应小于4mm,其在玻璃钢层中的质量比例不应少于8%,其性能应符合现行《玻璃纤维短切原丝毡和连续原丝毡》(GB/T 17470)的规定。

5.4.5 原螺纹凝裹式玻璃钢接头的厚度、外观、黏结力及密封性能应符合表5.4.5的规定。

表5.4.5 原螺纹凝裹式玻璃钢接头的技术要求

厚度	内玻璃钢接头的厚度≥2mm,外玻璃钢接头的厚度≥1.5mm
外观	平整光滑、色泽均匀,无脱层、起壳和固化不完全等缺陷
黏结质量	以小刀割开一舌形切口,用力撕开切口处的防腐层,管道表面仍为粉末涂层所覆盖,不得露出金属表面
密封性能	≥0.1MPa

5.4.6 当涵洞总长小于50m时,螺纹钢管安装对接完成后,应一次性整条吊入基坑,通过调整垫块固定及调整螺纹钢管位置,如图5.4.6所示。

5.4.7 当涵洞总长大于50m时,可分段拼装,分段吊入基坑,然后在基坑内完成各段的对接,对接点的基坑尺寸应加深加宽,如图5.4.7所示。

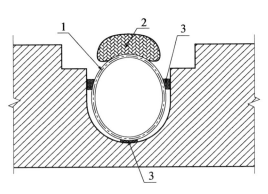
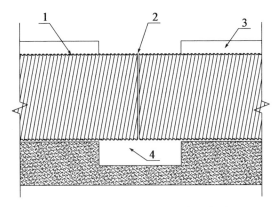

图 5.4.6 吊入基坑施工横断面示意图
1-螺纹钢管;2-抗浮配重沙袋;3-调整垫块

图 5.4.7 基坑内管节对接示意图
1-螺纹钢管;2-对接点;3-基坑;4-对接点部位基坑

5.4.8 螺纹钢管检查项目及允许偏差,应符合现行《公路工程质量检验评定标准 第一册 土建工程》(JTG F80/1)和《公路波纹钢涵洞技术规程》(T/CECS G:D66-01)的规定。

5.5 浇筑工程

5.5.1 基坑内砖、石、木头等杂物应清除干净,并夯实散土。

5.5.2 基坑内不得有积水,不得带水进行浇筑施工。

5.5.3 螺纹钢管与基坑壁之间应采用流态自密实水泥固化土浇筑,宜按下述方法分两次进行:

1 第一次浇筑前,管顶用砂袋压重,防止管体上浮,从管体一侧缝隙浇筑流态自密实水泥固化土,从管身底部流向另一侧,直至另一侧流态自密实水泥固化土高度上升达到 2/3 管身时,停止浇筑。

2 待流态自密实水泥固化土初凝后,移走配重砂袋,再进行二次浇筑流态自密实水泥固化土至管顶 20cm 部位。

5.5.4 流态自密实水泥固化土制作宜优先采用开挖基坑的土方,应筛除土方中粒径大于 20mm 的块状物,添加 5%～7% 土体质量的 42.5 级水泥及其他掺合料经拌和而成;流态自密实水泥固化土的坍落度应为 80～150mm,搅拌至浇筑完成的时间不宜超过 3h,可泵送或溜槽施工,凝固后强度不得小于 0.4MPa。

5.5.5 多孔螺纹钢管吊装就位后,应固定各孔螺纹钢管之间的间距,并做好防上浮防偏移措施,按本规程第 5.5.3 条的要求进行浇筑。

附录 A 螺纹钢管涵洞最大填土高度控制表

表 A-1 螺纹钢管涵洞最大填土高度控制表[75mm×25mm(波形)]

孔径 D(m)	壁厚(mm)			
	1.5	2.0	2.5	3.0
	最大填土高度(m)			
0.75	25	32	42	50
1.00	21	27	35	42
1.25	18	23	30	35
1.50	15	17	23	29
1.75	—	16	20	25
2.00	—	14	18	22

表 A-2 螺纹钢管涵洞最大填土高度控制表[125mm×36mm(波形)]

孔径 D(m)	壁厚(mm)		
	2.0	2.5	3.0
	最大填土高度(m)		
1.50	20	26	33
1.75	18	23	28
2.00	16	20	25
2.50	12	16	19

本规程用词用语说明

1 本规程执行严格程度的用词，采用下列写法：

1）表示很严格，非这样做不可的用词，正面词采用"必须"，反面词采用"严禁"。

2）表示严格，在正常情况下均应这样做的用词，正面词采用"应"，反面词采用"不应"或"不得"。

3）表示允许稍有选择，在条件许可时首先应这样做的用词，正面词采用"宜"，反面词采用"不宜"。

4）表示有选择，在一定条件下可以这样做的用词，采用"可"。

2 引用标准的用语采用下列写法：

1）在标准总则中表述与相关标准的关系时，采用"除应符合本规程的规定外，尚应符合国家和行业现行有关标准的规定"。

2）在标准条文及其他规定中，当引用的标准为国家标准和行业标准时，表述为"应符合《××××××》(×××)的有关规定"。

3）当引用本标准中的其他规定时，表述为"应符合本规程第×章的有关规定""应符合本规程第×.×节的有关规定""应符合本规程第×.×.×条的有关规定"或"应按本规程第×.×.×条的有关规定执行"。